AF258216

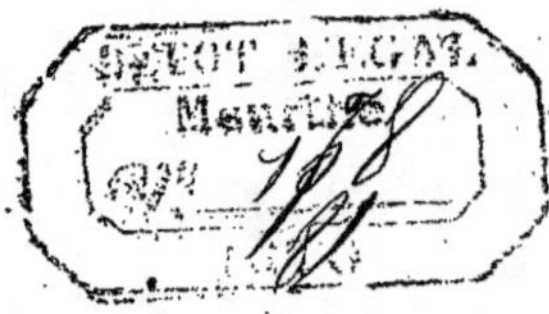

DES ACCIDENTS

DE

LA GUERRE DES MINES

PAR LE Dr RIGAL

MÉDECIN-MAJOR

Les travaux de guerre souterraine que j'ai pu suivre au 1er régiment du génie, m'ont permis de noter certains faits assez importants pour mériter d'être signalés. Ces faits touchent à la fois à l'hygiène et à la médecine légale militaires ; à la première en raison des moyens mis en œuvre pour prévenir les dangers auxquels officiers et soldats sont exposés, à la dernière par les conséquences immédiates et consécutives des accidents observés.

J'ai pu constater des phénomènes de physiologie pathologique peu étudiés, en France surtout, et d'autant plus dignes d'intérêt, qu'ils ont la valeur des faits expérimentaux reproduits dans des conditions qui paraissent identiques et constantes, bien que souvent difficiles à apprécier.

Si l'on cherche dans les écrits des auteurs français à s'éclairer sur les accidents spéciaux que je vais signaler, on ne trouve aucun renseignement. Les recueils militaires eux-mêmes sont muets sur cette question et, cependant, la tradition du régiment apprend qu'on observe pendant la guerre des mines divers accidents particuliers, des asphyxies entre autres.

Seul, M. le médecin principal Rizet[1], dans une brochure qu'il a eu la bonté de me communiquer, avait attiré l'attention sur les conséquences éloignées des travaux militaires des mines. Son étude et la nôtre qui ne relate que les accidents primitifs, aigus pour ainsi dire, sans épuiser le sujet, auront au moins servi à

---

[1] *De quelques états généraux observés sur les mineurs du génie après les travaux de polygone*, par le Dr Rizet, médecin-major. Arras, Courtin, 1868.

établir les principaux points de cette question bien digne d'intérêt. Libres seront nos collègues d'en combler les lacunes.

Toute la bibliographie se résume dans l'article *Mines* du *Dictionnaire encyclopédique*. Cet article, qui offre une excellente analyse des travaux étrangers, est dû à notre collègue M. le Dr Zuber.

Je me fais une douce obligation de le remercier de m'avoir, grâce à sa connaissance des langues étrangères et aux documents qu'il possédait, permis de comparer le résultat de mes recherches à celles qui avaient été faites à l'étranger.

Pour se rendre bien compte des accidents que nous allons étudier, il est indispensable d'avoir des notions succinctes sur la marche et la nature des travaux entrepris pendant la guerre des mines.

Ceux-ci diffèrent suivant que l'on envisage l'attaque ou la défense.

Faire des tranchées, établir des parallèles, sont les travaux préliminaires qui permettent l'abord d'une place. La phase qui est, à notre point de vue, de beaucoup la plus importante, consiste dans le forage de puits, de l'extrémité desquels partent des galeries où l'on place des tonneaux de poudre. L'explosion de cette poudre dont la quantité peut s'élever jusqu'à 2,000 et 3,000 kilogrammes dans les travaux ordinaires, mais la dépasser en temps de guerre, détermine la formation de vastes entonnoirs qu'il faut ensuite déblayer. Par une série d'explosions on forme des cratères que l'on met en communication et on arrive ainsi à cheminer, mais au milieu de gaz qui se dégagent constamment des profondeurs du sol fissuré. Si, à l'aide de la dynamite, on prépare les chambres destinées à recevoir la poudre, les vapeurs de cette matière explosible viennent encore s'ajouter aux produits de la déflagration de la poudre.

Il semblerait, *à priori*, que la nature des travaux de l'attaque dût sinon les rendre exempts de tous danger, du moins atténuer ces derniers, puisqu'on travaille à ciel ouvert. Nous verrons que cette opinion généralement, et bien à tort, accréditée, expose à de graves mécomptes et inspire une sécurité trompeuse.

La défense possède des galeries souterraines de protection. De leurs extrémités partent en divergeant de longs rameaux, servant d'écoutes, où un homme seulement peut pénétrer de front et travailler, muni d'une lampe, accroupi ou couché à plat ventre. Quand on suppose les travaux de l'assiégeant suffisamment rapprochés pour pouvoir être démolis avantageusement, on enflamme un pétard qui, par son explosion, ébranle, détruit, ou comble les galeries d'attaque.

La nature même des travaux, le peu d'espace ménagé aux travailleurs, leur profondeur, enfin les explosions et les infiltrations gazeuses constituent des conditions multiples d'insalubrité dont la lecture des observations qui suivent va faire ressortir les effets :

TRAVAUX D'ATTAQUE.

Obs. nº 1. — Le nommé X... travaillait dans un puits avec trois camarades depuis trois heures environ. Tout à coup il se sent incommodé, pris de céphalalgie. Il prévient ses camarades qui l'engagent à remonter. Il voit les conduits d'aération et les saisit convulsivement. La corde de sauvetage lui étant remise entre les mains, il l'étreint vivement et est enlevé du puits. A son arrivée à l'air libre, il est pris de convulsions avec trismus et grincement de dents, sans perte de connaissance.

J'arrive près de lui. Il se plaint de fortes douleurs dans la tête et d'une soif ardente. Je le trouve l'esprit inquiet, couvert de sueur, un peu agité. Son pouls est petit, sans avoir diminué de fréquence (72 pulsations).

La respiration ne présente rien de particulier.

Au bout de dix minutes, il est complétement remis. La céphalalgie persiste une demi-heure environ :

Ingestion de 30 grammes d'eau-de-vie.

Il faut noter que ses trois camarades n'ont pas souffert, ont continué à travailler et que cet accident isolé s'est produit dans un puits où il n'y avait pas eu d'explosion, et où la ventilation fonctionnait.

Obs. nº 2. — Dans un puits voisin du précédent, quatre hommes travaillent dans les mêmes conditions. Au bout de quelques heures, ils demandent à sortir se plaignant de maux de tête et d'un malaise indéfinissable. Appelé près d'eux, je ne pus constater que ces légers symptômes, cette indisposition toute passagère qui ne tarda pas d'ailleurs à se dissiper à l'air libre.

Obs. nº 3 (recueillie par M. l'aide-major Butel). — Sur les huit heures et demie du matin, je suis appelé à l'ambulance de l'attaque. Là, je trouve étendu à terre, sans connaissance, le nommé Liné que l'on venait de retirer d'un puits. C'était, paraît-il, le quatrième homme qui était incommodé depuis le matin, mais ses trois camarades n'avaient eu que de légers vertiges. Liné était descendu dans ce puits infecté pour y placer des tuyaux servant à l'aération. Il y séjourna environ dix minutes sans rien éprouver, parce que, disait-il, on ne faisait pas encore fonctionner les pompes foulantes. Dès qu'on lui eut envoyé de l'air, il tomba immédiatement sans connaissance.

A mon arrivée, il avait repris ses sens. Il se plaignait d'une céphalalgie intense avec constriction des tempes et bourdonnements dans les oreilles. La respiration était courte, haletante; le pouls petit, déprimé.

Cet ensemble de symptômes, à part la céphalée qui persista plus longtemps, disparut au bout d'une demi-heure.

Obs. n° 4. — Le nommé Vercogne, camarade de Liné envoyé après lui pour y continuer les travaux éprouve absolument les mêmes symptômes.

On parvint par une ventilation soutenue à désinfecter ce puits et les travaux purent se continuer sans accident.

Il faut noter que ce n'est que lorsque l'air eut été agité par la ventilation que les bouffées devinrent dangereuses dans l'un et l'autre cas.

Obs. n° 5. — Tourmo était depuis sept à huit minutes dans une galerie, à l'extrémité d'un puits où plusieurs camarades travaillaient avec lui depuis un certain temps. Il éprouve de la céphalalgie et demande à être remonté promptement. En arrivant à l'air il lâche la corde qu'il serrait de ses mains crispées; on le détache et on le dépose sur le sol. Il perd connaissance et est saisi de convulsions avec renversement du corps en arrière.

A mon arrivée, je trouve cet homme pâle et tranquille. Il déclare se trouver mieux. Ingestion d'eau-de-vie.

Quelques instants après, il se plaint d'une vive douleur à la main gauche; on constate, en effet, une plaie contuse résultant d'une compression entre la corde d'ascension et la poulie de renvoi. La palpation de cette main qui est notablement plus chaude que la main opposée détermine de légers mouvements convulsifs dans les bras, les paupières et le tronc. J'ai reproduit ce phénomène à plusieurs reprises.

Après quelques minutes de repos, le malade s'agite et une attaque complète d'épilepsie se déclare avec écume à la bouche, raideur tétanique, spasme des muscles respiratoires, convulsion des globes oculaires, contracture des fléchisseurs des doigts et de celui du pouce en particulier.

Après des alternatives d'agitation et de repos qui durent un quart d'heure, le calme reparaît sous l'influence d'inhalations d'éther. Compresses d'eau froide sur le front. Une demi-heure après, le malade se sent mieux, mais il accuse une grande lassitude. Il se plaint en outre d'avoir beaucoup souffert.

L'hyperesthésie générale est manifeste; le palper, le bruit, excitent considérablement le malade. Ils auraient infailliblement ramené de nouvelles attaques si on ne s'était attaché à le soustraire à leur influence. Tourmo est évacué sur l'infirmerie improvisée.

Les attaques épileptiformes réapparaissent, mais avec moins d'intensité que la première fois.

Le calme, le repos, le sommeil, produisent le meilleur résultat. Deux heures après, il insiste pour retourner au quartier avec ses camarades. Grâce à son énergie, il parvient à les suivre.

Peut-être y a-t-il lieu, en raison de la gravité de ce fait, de tenir compte de la susceptibilité particulière du sujet. Telle est, du moins, l'opinion de ses camarades qui ont pu, grâce à la ventilation, continuer leurs travaux.

Obs. n° 6. — Nous allons relater sous ce titre, une série de cas qui se sont produits dans les mêmes conditions. Le puits était infecté, depuis la veille, par des explosions et il était occupé par des hommes très-hardis et habitués aux travaux des mines.

Cormaille et Libersart travaillent à trois reprises différentes et ne sont remontés que parce que la céphalalgie devenait insupportable.

La dernière fois, Cormaille éprouvant de violents maux de tête, demande à remonter et perd aussitôt connaissance. Son camarade l'attache à la corde, puis se sentant pris à son tour de symptômes auxquels, dit-il, il ne se trompe pas et qu'il juge graves, il s'enroule à la corde. L'un et l'autre sont enlevés.

A l'arrivée à l'air libre, Cormaille est pris de convulsions, de de délire; sa peau est fraîche, son pouls petit, sa respiration normale. En reprenant connaissance, il se plaint de céphalalgie et de soif. Je constate un crachotement continu qui paraît inconscient et quelques frissonnements convulsifs.

Libersart est assis, il a l'air hébété et déclare qu'il va se trouver mal. On l'étend sur un lit. Il se plaint d'un violent mal de tête, d'une soif excessive, de nausées, ainsi que d'une grande amertume à la bouche.

Un lieutenant descend dans le puits pour l'explorer. Il se se sent presque immédiatement saisi à la gorge, chancelle, remonte aussitôt et vomit à son arrivée.

Je m'approche du puits, l'odeur d'hydrogène sulfuré est caractéristique. Quelques instants après, mes malades ne tardent pas à se remettre.

OBS. N° 7. — Le lendemain, ce puits devait encore amener de nouveaux accidents et nous fournir le plus grave et certainement le plus curieux des cas que nous avons eu à observer durant cette guerre de mines.

Gesinge et Robert, soldats de la même compagnie que Cormaille et Libersart, descendent dans ce puits, éprouvent les mêmes symptômes, mais avertis du danger et suivant l'ordre qui leur enjoignait de sortir dès qu'ils se sentiraient incommodés, il n'en résulte pas d'autre accident.

Bachelet, homme plein de bonne volonté, avait travaillé au commencement de la galerie sans se plaindre et sans accuser autre chose qu'un peu de mal de tête.

Le lendemain, il reprenait dès le matin ses travaux, mais à l'air libre, au voisinage du puits. Dans la soirée, en poussant une brouette, il est pris de syncope et tombe. Transporté à l'infirmerie, je le trouve étendu sur son lit en proie à de légères convulsions et à une agitation générale.

Ce qui me frappe à première vue, c'est l'aspect turgide et boursouflé de sa face, le gonflement œdémateux des paupières qui ne permettaient que difficilement d'apercevoir ses globes oculaires. Les pupilles sont normales, les mâchoires contracturées, les dents grincent et les jambes s'agitent.

L'hyperesthésie est générale et bien manifeste ; l'intelligence obtuse. Cependant à mon appel le malade se plaint de vives douleurs, particulièrement le long de la jambe gauche.

Des spasmes glottiques gênent considérablement la respiration qui est irrégulière, saccadée, brusque. Ces spasmes s'étendent à l'œsophage et impriment à tout le cou un aspect bizarre, des mouvements désordonnés.

Le pouls est large, plein, et tranche par sa régularité sur l'ensemble symptomatique (76 pulsations). La peau du tronc est fraîche et les pieds ont une chaleur naturelle.

Comme fait tout particulièrement intéressant, il faut noter que la bouffissure de la face n'était pas permanente, qu'elle disparaissait presque subitement pour reparaître avec la même instantanéité et que le phénomène était nettement appréciable pour les personnes qui m'entouraient.

A de courts intervalles de repos succèdent des convulsions générales, de moyenne intensité. Des inhalations d'éther permettent de diminuer l'intensité des mouvements convulsifs, parfois même de les enrayer lorsqu'on y soumet le malade au début des accès. Cependant l'état général semble s'aggraver, l'intelligence s'obnubile; l'hyperesthésie est telle que le moindre attouchement provoque des réflexes exagérés.

Au spasme œsophagien succède des mouvements désordonnés de déglutition qui semblent incommoder beaucoup le malade; les spasmes glottiques compromettent la respiration qui ne se réveille que par des flagellations répétées; enfin, l'état de torpeur voisin du coma me faisant craindre une congestion des centres médullo-encéphaliques et de leurs enveloppes, j'évacue le malade sur l'hôpital, après avoir eu soin de faire maintenir en permanence des compresses d'eau froide sur son front et sa tête.

Pendant le trajet du camp à l'hôpital, Bachelet éprouve encore quelques syncopes.

Il se présente à son arrivée dans l'état suivant décrit par M. l'aide-major Picqué : Il est somnolent. Interrogé à diverses reprises, il ne répond rien. La sensibilité spéciale et générale semble partout abolie. Les mouvements réflexes des membres sont supprimés. Le pouls est mince, la tension artérielle faible, les pulsations lentes (68 pulsations), les mouvements respiratoires difficiles à apprécier.

Une demi-heure environ après son entrée, des crises convulsives se manifestent dans les bras. Le corps se porte vivement à droite et à gauche. La tête est elle-même agitée de quelques mouvements de latéralité. Le facies est grimaçant. Interrogé de nouveau, il ne répond pas et demeure insensible aux flagellations et aux aspersions froides sur la face. Trois fois, à dix minutes environ d'intervalle, les crises reparaissent toujours suivies d'un état semi-comateux avec indifférence complète aux choses extérieures.

Prescriptions : 2 sangsues derrière chaque oreille, sinapismes aux membres inférieurs, ventouses sèches sur la poitrine.

Le lendemain, la somnolence persiste, mais à un degré moindre, les accès ne se sont point renouvelés. La sensibilité est toujours abolie, les sens obnubilés. Pas de fièvre.

Le deuxième et le troisième jour, même état.

Quatrième jour. Le malade va mieux. Il commence à répondre aux questions qu'on lui adresse, mais l'examen de la contractilité révèle une hémiplégie droite. Du côté du membre pelvien, la paralysie est complète ; le malade ne peut détacher le membre du lit. En dépit du chatouillement de la plante, les mouvements réflexes ne se produisent pas.

Du côté du bras, mêmes troubles de la motilité, le malade peut à peine nous serrer la main.

Les muscles de la face ne participent pas à la paralysie. La face n'est pas déviée, la langue est droite, la salive ne coule pas sur la joue, l'orbiculaire est intact.

La sensibilité est abolie du côté droit. Des épingles enfoncées à une assez grande profondeur, après avoir eu soin de faire fermer les yeux au malade, ne réveillent aucune sensation douloureuse.

Du côté gauche, la sensibilité est éteinte dans le membre pelvien et le bras, diminuée seulement au niveau du bassin, sur le ventre jusqu'à la poitrine. On constate nettement que la sensibilité n'est entièrement abolie qu'au niveau de la ligne médiane. A partir de ce point, quand on s'avance vers le côté gauche, on ne la trouve que fortement amoindrie. Sur le thorax du même côté, il existe une zone sensible limitée par le sternum en avant, le rachis en arrière, la clavicule en haut, le diaphragme en bas. Sur toute cette surface, la sensibilité est absolument normale. Le côté gauche du cou et de la face présente une sensibilité amoindrie et obtuse.

Avec deux thermomètres dont on avait exactement contrôlé sur un individu sain les différences de sensibilité, la température est prise sur le membre inférieur comparativement à droite et à gauche. On les place avec soin entre les deux premiers orteils, mais on ne constate aucune différence en plus ou en moins sur le côté paralysé.

Les organes viscéraux paraissent indemnes. La vessie et le rectum fonctionnent régulièrement. La miction est facile. Une selle le matin. Le malade peut prendre du bouillon.

Cinquième jour, même état. On constate sur le thorax, à

droite, de larges plaques congestives. Elles disparaissent sous l'impression du doigt. On administre le sulfate de strychnine à la dose de 0^{gr},015 en pilules dans le courant de la journée.

Sixième et septième jour, même état. Les plaques congestives ont disparu.

Huitième jour. Le malade ne peut encore soulever le talon au-dessus du plan du lit, mais on observe quelques mouvements fibrillaires dans les muscles de la cuisse. La force revient au membre supérieur, la main peut, en serrant, exercer une certaine pression. La sensibilité est toujours abolie dans le côté droit. A gauche, une zone sensible commence à se former dans la fosse iliaque.

Neuvième, dixième, onzième jour. L'amélioration persiste, la zone sensible du côté gauche s'étend en rejoignant la zone thoracique; la sensibilité est revenue sur le côté gauche de la face et du cou.

Douzième, treizième jour, même état. Légère amélioration progressive. Mêmes prescriptions.

Quatorzième jour. La sensibilité est presque entièrement revenue à gauche. Les mouvements réflexes ont reparu du côté droit. Le malade ne peut pourtant pas encore se servir de son bras pour manger, ni détacher le talon du lit.

Quinzième, seizième jour. L'amélioration s'accentue.

Dix-septième jour. La sensibilité est moins obtuse à droite, le bras a recouvré l'intégrité presque complète de ses mouvements. Le malade peut soulever le membre inférieur, mais avec peine.

Dix-huitième, dix-neuvième, vingtième jour. Rien de particulier à signaler. Suppression de la strychnine.

A partir de cette époque, l'état général s'améliora rapidement; le malade commençait à se lever et à s'asseoir sur un fauteuil. Vers le trente et unième jour, Bachelet circulait dans la chambre tout en se traînant encore difficilement et en s'aidant d'une canne. Quinze jours plus tard (quarante-sixième jour), il était complétement rétabli et attendait un congé de convalescence.

TRAVAUX DE DÉFENSE.

OBS. N° 1. — Le nommé X... travaillait depuis vingt minutes environ dans le fond d'un rameau souterrain voisin d'un point où l'attaque avait fait une explosion. Par des fissures, les gaz de la combustion avaient dû pénétrer dans ce rameau ; tel était du moins l'avis des travailleurs et des officiers. Tout à coup, il se sent pris de malaise, de céphalalgie, d'une sensation de barre frontale, et il se décide à regagner l'ouverture d'entrée.

A mon arrivée, je le trouve pâle, respirant comme un homme essoufflé, couvert de sueur. Son pouls est rapide. Subitement, il se sent pris de diarrhée irrésistible et d'incontinence d'urine. Puis le calme renaît bientôt et il ne lui reste plus qu'un sentiment de fatigue.

OBS. N° 2. — Lorrain ne fait qu'entrer dans un rameau communiquant avec un point voisin d'une explosion de l'attaque.

Il se sent tout à coup pris à la gorge et tombe évanoui. Immédiatement transporté au dehors, il demeure une minute environ sans connaissance.

A mon arrivée, je le trouve hébété, les yeux hagards. Il me reconnaît néanmoins.

Il est pâle et couvert de sueur comme le précédent, mais les troubles gastriques sont limités à la partie supérieure du tube digestif et se traduisent par des nausées et des crachotements continus.

Je me transportai près de l'endroit où cet homme avait été trouvé évanoui. Une odeur caractéristique et pénétrante d'hydrogène sulfuré en infectait les abords. Les hommes eux-mêmes disaient qu'il suffisait de s'approcher pour éprouver subitement les mêmes accidents. Je fus pris moi-même de nausées. Le malade, près duquel je retournai rapidement, se plaignait surtout de constrictions à la gorge, mais son état général allait en s'améliorant.

OBS. N° 3. — Rerjouan travaillait depuis une heure dans un rameau qui n'avait aucune communication avec des foyers infectés par les gaz. Il se plaint de céphalée et de malaise général.

Au grand air, ces légers troubles disparurent.

OBS. N° 4 (recueillie par M. le D' Butel). — Houbé, engagé conditionnel, 20 ans, de constitution robuste, remplaçait, depuis un quart d'heure, un maître-ouvrier qui, incommodé, s'était hâté de sortir d'un rameau non encore ventilé. Il avait été chargé d'établir les conduits d'aération. Une forte odeur d'hydrogène sulfuré commença bientôt par l'incommoder. Il eut la sensation d'un grand froid sur la poitrine, l'empêchant de plus en plus de respirer, la sueur lui perla sur le front, ses tempes battaient fort. Il n'eut que le temps de regagner l'orifice. Arrivé à l'air libre, il tomba sans connaissance.

Lorsque j'arrivai près de lui, il était dans un état de résolution complète ; sa respiration était à peine sensible, son pouls petit, filiforme (68 pulsations). Cet état dura environ dix minutes au bout desquelles, sous l'influence d'excitations énergiques, il ouvrit les yeux.

Ingestion d'eau-de-vie, 30 grammes.

A cette résolution succéda une légère attaque de nerfs. Le malade fermait convulsivement les poings, agitait ses membres inférieurs, présentait un léger trismus avec convulsions en haut et en dedans des globes oculaires.

Après quelques inhalations d'éther, ces phénomènes disparurent, mais le malade resta encore une heure dans une prostration complète, et s'en retourna brisé comme on le serait après une attaque d'épilepsie.

OBS. N° 5. — André travaillait depuis une demi-heure dans une galerie infectée et mal ventilée par des conduits d'aération qui n'allaient pas jusqu'au fond.

Il éprouve un malaise indéfinissable, de la céphalalgie et de la constriction à la gorge ; cherche à sortir et perd connaissance en arrivant à l'air.

Je le trouve pâle, couvert de sueur; il se plaint de céphalée violente.

Au bout d'une demi-heure, le malade se sent mieux et se remet insensiblement.

OBS. N° 6. — Maréchal travaillait depuis une demi-heure dans une autre galerie qui n'avait aucune espèce de communication avec des foyers d'explosion. Il se sent pris de malaise, de nausées, de vertiges et se hâte de sortir. Arrivé à l'air libre, il perd connaissance quelques secondes. Une indigestion se déclare, il vomit abondamment, après quoi il se remet progressivement de son indisposition.

ANALYSE CLINIQUE.

Après l'exposé des faits observés, il est bon de revenir sur les symptômes de la maladie des mines, d'en faire mieux ressortir les caractères, de les grouper d'une façon méthodique et de les interpréter.

A un premier examen, on constate que les symptômes généraux, constamment observés, ne sont que des manifestations de l'appareil cérébro-spinal se traduisant, à des degrés divers d'intensité, par des troubles plus ou moins accusés du sensorium, de la sensibilité, de la motilité, des appareils des sens, de la calorification, de la respiration, de la circulation et de l'appareil digestif et glandulaire.

Mes observations cliniques s'accordent généralement avec celles qui ont été prises par la commission allemande chargée d'étudier les accidents de la guerre des mines.

Les travaux antérieurs parlent de l'affaiblissement des facultés intellectuelles, de perte de connaissance, de céphalée, d'idiotie. J'ai constaté de mon côté l'obnubilation intellectuelle la plus légère jusqu'à l'hébétude. J'ai à ajouter que ces phénomènes, de durée variable, n'ont jamais été persistants. Seule, la céphalée a duré souvent la journée entière et s'est prolongée jusqu'au lendemain. On a dit que le rire inconscient accompagnait parfois ce cortége symptomatique. Le fait est connu des officiers, mais je ne l'ai point observé. Je signalerai, en outre, l'irascibilité évidente des malades, symptôme sur lequel on n'a pas assez insisté.

L'attention semble avoir été moins particulièrement dirigée vers l'état de la sensibilité. Cependant il résulte de mes observations qu'on observe une hyperesthésie générale manifeste. Les malades souffrent d'un malaise général, indéfinissable, parfois de douleurs spontanées, qu'il est facile de provoquer au plus léger attouchement. Des explorations répétées m'ont toujours permis de constater ces symptômes.

L'anesthésie partielle peut aussi se rencontrer; j'en rapporte un exemple dans l'observation n° 8.

Du côté de la motilité, les désordres étaient trop faciles à percevoir pour qu'ils puissent échapper à l'observation. On assiste à des scènes réellement étranges, à des convulsions, des contractures d'un muscle, d'un groupe musculaire ou du système musculaire tout entier, au grincement des dents jusqu'aux formes les plus intenses du tétanos. Les convulsions peuvent être toniques ou cloniques. Puis à ces spasmes succède une résolution complète, expression de la fatigue physiologique des muscles.

Les troubles de la respiration sont constants, mais très-variables. Tantôt la respiration est accélérée, atteint 40 inspirations par minute, tantôt elle descend à 12. Elle peut demeurer suspendue si l'on n'a soin de la réveiller par des frictions sur le thorax. Quelquefois les malades se plaignent d'une angoisse terrible qui disparaît par une large inspiration. Enfin, j'ai noté des spasmes inquiétants de la glotte.

Le cœur paraît plus réfractaire à l'impression morbide, cependant le pouls, en certaines circonstances, peut atteindre 140 pulsations. Il ne paraît pas avoir été au-dessous de 65. Il m'est arrivé de constater dans un cas grave la régularité parfaite du pouls contrastant d'une façon remarquable avec l'état d'agitation, d'inquiétude du malade et les mouvements désordonnés de la respiration. On a noté l'amplitude, la largeur des pulsations, l'augmentation de la tension artérielle aussi bien que la petitesse du pouls et la dépressibilité de la paroi.

La température ne paraît pas généralement influencée, cependant les accidents se prolongeant, on a enregistré 38 degrés. Au palper, la peau peut offrir une sensation de fraîcheur ou de chaleur humide, la sécrétion sudorale peut être très-augmentée.

Les phénomènes gastriques se traduisent généralement par des nausées, des crachotements, des vomissements, une diarrhée incoercible et une soif excessivement intense.

Du côté des organes des sens, on constate une hypersécrétion lacrymale, une perte momentanée de la vision. Il y a des bourdonnements, des tintements d'oreille. Le goût est aussi altéré. Les malades ont mauvaise bouche.

L'incontinence d'urine est le seul symptôme intéressant la zone génito-urinaire que j'ai pu observer.

Maintenant que l'appareil symptomatique des accidents des mines a été étudié dans son ensemble, il me reste à en préciser les formes cliniques les plus ordinaires.

Pour un observateur attentif, la maladie des mines se présente sous des différences assez tranchées pour permettre de distinguer des cas légers, de moyenne intensité et des cas graves.

1° Dans la première catégorie, les malades accusent souvent de la céphalée, un malaise indéfinissable, de légers troubles gastriques qui ne se prolongent guère au delà d'une heure. J'ai donné plusieurs observations de cette forme clinique et j'aurais pu les multiplier ;

2° Si des troubles cérébraux, l'obnubilation de l'intelligence, des troubles de la respiration, de la sensibilité et de l'appareil musculaire, se présentent, la marche de l'affection subit une modification très-appréciable. Les accidents se prolongent, sont sujets aux récidives, et le malade est indisponible pour le reste de la journée ;

3° Enfin, dans la troisième forme, on observe une aggravation des symptômes précédents et des cas qui peuvent être mortels dès le début. La torpeur intellectuelle est complète, les convulsions sont généralisées, la sensibilité est éteinte dans la cornée, la respiration compromise; on constate des évacuations involontaires. Trois terminaisons sont possibles alors : 1° le retour à la santé ; 2° la paralysie immédiate ou consécutive; 3° la mort après une apparente amélioration. C'est là ce que ma propre expérience et mes lectures m'ont appris.

ÉTUDE DES CONDITIONS MORBIGÈNES.

Il y a lieu de se demander quels peuvent être le ou les facteurs principaux auxquels doivent être rattachés les symptômes morbides que je viens de décrire. Pour établir d'une façon précise les données multiples du problème, en même temps qu'on procédait à l'étude clinique, il eût été nécessaire de faire des analyses chimiques.

L'air atmosphérique se trouve ici vicié dans sa composition normale par l'adjonction de produits plus ou moins dangereux : viciation de l'air respirable et production de gaz toxiques, tels sont les deux facteurs principaux des accidents observés, mais la production des gaz toxiques a beaucoup plus d'importance que la viciation de l'air. « L'azote, en effet, comme le dit M. Rizet, dans son mémoire cité, l'azote ne vicie pas l'air de nos travaux de galerie. C'est à peine si, au lieu d'atteindre la proportion de 79 p. 100, il atteint parfois celle de 80 p. 400. L'oxygène n'y manque pas non plus dans de notables proportions. Dans les rameaux les plus étroits, on trouve encore 20 p. 100 de ce gaz. Ce sont les composés oxycarbonés, l'acide carbonique, l'oxyde de carbone, les hydrosulfures et les hydrocarbures, les vrais agents du méphitisme. »

Les ouvrages techniques (Würtz, *Annales de chimie appliquée*) nous font connaître par des formules les réactions qui se produisent dans la combustion ou la déflagration des agents employés, de la poudre de mine, de la dynamite, etc.

La dynamite, mélange dans des proportions déterminées de silice et de nitroglycérine, par sa décomposition lente, met en liberté une certaine quantité d'acide azotique, glycérique, oxalique, qui lui donnent sa causticité. En brûlant, elle donne naissance à des vapeurs irritantes, nitreuses, mais les gaz qui proviennent de son explosion ne paraissent pas renfermer ces mêmes vapeurs nitreuses et ne semblent pas être aussi nuisibles à la santé que ceux qui résultent de sa combustion.

Les produits gazeux qui proviennent de la déflagration de la poudre renferment de l'acide carbonique, de l'oxyde de carbone, de l'azote, de l'acide sulfhydrique. On peut faire remarquer que la proportion de ces gaz varie avec la température, la pression atmosphérique ; que ce changement proportionnel semble alors porter surtout sur l'acide carbonique et l'oxyde de carbone ; que le soufre augmente la quantité de gaz produits par la combustion ; enfin que la poudre de mine est plus dangereuse que la poudre de chasse ordinaire par le dégagement plus considérable d'oxyde de carbone.

Le sol lui-même exerce une action dont il faut tenir compte, en laissant filtrer avec plus ou moins de facilité les gaz qu'il renferme. C'est ainsi qu'à travers le sable, les gaz semblent cheminer plus facilement en diffusant à travers les espaces intermoléculaires et disparaître aussi avec plus de facilité sous l'influence des bouleversements du sol, tandis que compris entre des couches d'argile, ils y séjournent comme en vase clos et peuvent à certains moments s'exhaler en bouffées. Nos galeries ont été creusées dans le sable, mais pour l'atteindre, il a fallu traverser des terres argileuses et briser des roches. Ces dernières ont empêché les gaz de se répandre et les ont retenus en grandes quantités dans les excavations produites.

Je ne m'étendrai pas davantage sur les divers facteurs qui interviennent, sur les conditions qui peuvent bouleverser les données chimiques, sur le danger des explosions simples ou successives, l'influence du bourrage, de la marche des travaux, de la ventilation naturelle ou artificielle. Cet énoncé suffit pour montrer combien d'éléments entrent en jeu, faire pressentir les difficultés du problème et la possibilité d'erreurs dans l'interprétation des phénomènes.

Pour résoudre la question, une commission allemande chargée d'étudier les accidents de la guerre des mines, commission composée d'un médecin, d'un chimiste et d'un ingénieur, s'est inspirée des travaux de ses devanciers, a noté tous les phénomènes cliniques observés, recueilli les gaz à l'endroit où s'étaient produits les accidents, en a fait le dosage et a terminé ses opérations en contrôlant les résultats obtenus par l'expérimentation sur les animaux. Devant la difficulté d'une tâche qui réclamait un effort collectif et des connaissances spéciales, j'ai dû renoncer à l'analyse des gaz. Force m'est donc de m'en tenir aux résultats obtenus par nos voisins.

Deux séries d'analyses d'air sain et d'air vicié ont permis de constater :

Pour l'air sain : peu d'oxyde de carbone et beaucoup d'acide carbonique ;

Pour l'air vicié : peu d'acide carbonique et beaucoup d'oxyde de carbone.

Les symptômes fonctionnels observés concordaient avec ceux de Smith et d'Ehrmann (*Toxicologie*) : diminution du pouls et de la tension artérielle, malaise, céphalalgie sans perte de connaissance, tendance au sommeil, peau chaude, respiration normale.

La commission pense que l'acide carbonique a peu d'influence sur les phénomènes observés et qu'en tout cas, ce n'est pas lui qui détermine les redoutables accidents persistants et les crises convulsives.

Les conclusions précédentes paraissent légitimes ; elles semblent concorder, en effet, avec l'opinion de Cl. Bernard et les expériences de P. Bert. Cependant, comment croire à l'innocuité de l'acide carbonique, alors que j'ai pu observer trois cas dont l'un avec convulsions, cas peu graves, à la vérité, mais qui ont pourtant nécessité la suspension du travail et l'évacuation des galeries alors qu'aucune explosion de gaz n'avait encore eu lieu, et que les appareils ventilateurs fonctionnaient régulièrement. Par leur symptomatologie, les accidents ressemblaient à ceux décrits par Scheidemann dans l'intoxication par l'acide carbonique. Céphalalgie, sudation, ivresse, prompte guérison.

Le véritable agent des accidents paraît être l'oxyde de carbone pour trois raisons : 1° parce qu'il suffit de $\frac{1}{1000}$ de ce gaz pour produire des symptômes d'intoxication durant au moins une demi-heure ; 2° parce que chaque fois qu'il y a eu accident, les quantités de ce gaz recueillies ont été suffisantes pour expliquer l'intoxication légère ; 3° enfin, parce que les symptômes concordaient avec ceux observés par Traube et relatifs à l'intoxication par ce gaz ; augmentation du pouls, puis diminution jusqu'à la mort ; diminution puis augmentation de la pression artérielle et oscillations ascendantes ou descendantes jusqu'à diminution terminale ; augmentation et mollesse du pouls dans les cas légers ; dans les cas graves, ralentissement et dureté. On a observé, mais non d'une façon constante, le diabète. Le spectroscope a révélé dans le sang des hommes et des animaux la présence de l'oxyde de carbone. Enfin, à l'autopsie, on a trouvé des lésions rénales et musculaires.

Ne pouvant fournir de faits contradictoires ou probants, je suis forcé d'adopter les conclusions de la commission allemande et je les accepte d'autant mieux qu'elles concordent avec l'état des connaissances actuelles sur le pouvoir éminemment toxique de l'oxyde de carbone.

Cl. Bernard a démontré comment agissait ce gaz en se substituant à l'oxygène du sang ; ce fait rend compte du long espace de temps nécessaire aux malades pour se remettre, et de l'insuffisance (hormis la transfusion du sang) des moyens mis en œuvre pour parer au danger que ceux-ci courent dans les cas graves.

Un fait curieux et connu, mais dont toute la valeur n'a pas été précisée par la commission allemande, consiste dans l'augmentation du pouvoir toxique des gaz par leur mélange. C'est ainsi qu'une très-faible quantité d'acide sulfhydrique augmenterait d'une façon considérable le pouvoir toxique de l'oxyde de carbone, $\frac{3}{1,000}$ d'oxyde de carbone n'agissant qu'une demi-heure, $\frac{1}{1,000}$ d'acide sulfhydrique surajouté produirait la mort en dix minutes dans les convulsions.

Pour la commission allemande, l'acide sulfhydrique ne joue qu'un rôle très-secondaire. Elle s'appuie sur ce que l'air des galeries n'a pas d'odeur, alors que $\frac{1}{10,000}$ de ce gaz répand déjà une odeur fétide ; 2° que dans les laboratoires de chimie où l'odeur est insupportable et où cependant la proportion du gaz donne $\frac{3}{1,000}$, on peut séjourner sans accident. Il ne peut être pour elle, d'après ces données, question d'un empoisonnement par l'acide sulfhydrique.

Mes observations m'imposent de grandes réserves à l'égard de ces conclusions. J'ai, en effet, remarqué que, dans certains cas, les hommes perdaient immédiatement connaissance, que leur peau était froide et qu'ils se plaignaient de douleurs aiguës excessives à leur réveil. Or, ces symptômes sont ceux généralement attribués à l'empoisonnement sulfhydrique. De plus, l'accès des galeries dans lesquelles ces hommes avaient pénétré, était impossible et la présence de ce gaz était révélé par l'odorat et le papier plombique complétement noirci.

Les graves accidents de l'observation n° 7 me semblent devoir légitimement être attribués à l'action nocive de l'oxyde de carbone. Nous savons, en effet, que c'est lui qui le plus souvent détermine les accidents redoutables ; que, dans ce cas particulier, Bachelet travaillait à l'air libre, au voisinage des puits, lorsqu'il est tombé ; que la présence de l'acide sulfhydrique n'a pas été constatée ; enfin et surtout que les symptômes observés correspondaient à ceux que l'on décrit habituellement dans l'empoisonnement par le gaz, perte de connaissance, de la sensibilité et de la motilité, ampleur et régularité primitives du pouls qui devient ensuite mince et lent, faible tension artérielle et refroidissement de la peau.

ANATOMIE ET PHYSIOLOGIE PATHOLOGIQUES.

Pour arriver à pénétrer le mécanisme intime des troubles fonctionnels, les médecins ont tour à tour et simultanément fait appel aux lumières de l'anatomie et de la physiologie. Qu'il nous suffise de rappeler les mémorables expériences de Cl. Bernard. Après nous avoir montré que la mort par l'oxyde de carbone se réduit à une mort par une suppression du sang qui a perdu ses propriétés physiologiques, après nous avoir fourni les moyens de reconnaître ce gaz dans le sang à l'aide du spectroscope, cet éminent physiologiste nous a du même coup indiqué le remède dans les cas les plus graves.

Dans un travail publié dans les *Archives de médecine* (1865), M. Leudet, de Rouen, signale les troubles circulatoires périphériques qu'il a observés dans les empoisonnements par la vapeur du charbon. Les exemples de ces cas sont encore peu nombreux. Nous en offrons un nouvel et bel exemple dans l'observation n° 7.

Leudet les attribue à un trouble dans la force propulsive du cœur, dans l'action des vaso-moteurs, enfin à une altération de la contractilité propre de la tunique musculaire des vaisseaux.

Chez Bachelet, les pulsations cardiaques étaient réduites et nous avons noté de larges plaques ou zones congestives.

Leudet relate une observation curieuse démontrant la possibilité de troubles cutanés, pemphigus, eschares, abcès, à la suite de l'asphyxie par vapeur de charbon. D'après lui, ce serait au contact du sang altéré sur les ramifications nerveuses périphériques qu'il faudrait rattacher ces accidents.

Ces troubles locaux périphériques peuvent aussi aboutir à des phénomènes paralytiques. Dans sa thèse inaugurale, M. Bourdon, de l'Académie de médecine, a signalé le fait. Primitivement locales et indépendantes du système nerveux central, ces paralysies peuvent ultérieurement s'étendre, se généraliser et exposer par un mécanisme analogue les malades aux accidents que nous avons observés.

Il nous est impossible d'expliquer d'une façon certaine les troubles fonctionnels observés chez Bachelet. La bouffissure intermittente de la face, les plaques congestives, sont-elles dues à des paralysies des vaso-moteurs déterminées par une intoxication de gaz délétère ? L'hémiplégie dont il a été atteint ne peut-elle pas s'expliquer par une rupture vasculaire consécutive à une poussée congestive ? Au lieu d'émettre des hypothèses, je préfère insister sur l'intérêt scientifique qui s'attacherait à la solution de ces questions.

Pour terminer, nous croyons devoir résumer les lésions anatomo-pathologiques observées sur un blessé du nom de Kaller, mort en Allemagne, dans la catastrophe de Grodenz.

A l'extérieur, lividités habituelles sur les parties déclives. A l'ouverture de la poitrine, on trouve une certaine quantité de liquide dans les plèvres. Les poumons ont une consistance molle et sont d'une coloration rosée ; un liquide à bulles fines s'échappe principalement à gauche. On trouve de l'écume bronchique dans le larynx et la trachée ; le péricarde renferme une certaine quantité de sérosité. Les artères coronaires sont fortement congestionnées ; la paroi du cœur est jaune-grisâtre, la fibre musculaire granuleuse, la striation peu apparente. Le ventricule gauche est vide. Du sang fluide remplit l'oreillette du même côté. Le sang est sombre et rougit à l'air. A droite, les cavités sont pleines ; l'oreillette renferme des caillots mous. Les valvules sont normales.

La bile est brune, le foie sans altération notable. La substance corticale des reins est trouble; les glomérules faciles à percevoir; l'épithélium des conduits granuleux.

La dure-mère paraît normale, sans congestion appréciable. La pie-mère est œdématiée.

Les circonvolutions sont aplaties; l'écorce grise est claire; la substance blanche n'offre point de piqueté hémorrhagique. Les ventricules sont sains; les plexus choroïdiens ne présentent pas trace d'altération.

La présence de l'oxyde de carbone ne peut plus être démontrée, mais elle avait été mise en évidence du vivant du malade.

PROPHYLAXIE ET THÉRAPEUTIQUE.

On a cherché à prévenir les dangers que courent les hommes dans les galeries de mines. L'odeur des gaz peut fournir parfois des indications, mais elle ne peut déceler l'oxyde de carbone, le plus dangereux de tous les gaz.

On ne peut non plus compter sur la manière dont se comportent les lampes, car une lampe peut brûler alors que l'on observe déjà des accidents et l'on sait qu'il est possible de travailler 3 et 4 heures après leur extinction. Cependant, lorsque les lampes s'éteignent, il y a généralement imminence de danger, et, dans les mines russes, la règle est de quitter les galeries dès qu'elles cessent de brûler.

Le papier plombique nous indique bien la présence de l'hydrogène sulfuré, mais il ne nous dit rien sur sa quantité. Son odeur suffit pour nous mettre en garde contre son action, lorsqu'on ne se trouve pas immédiatement plongé dans une atmosphère infectée par ce gaz.

Les Allemands ont essayé un réactif physiologique. Avant de prescrire la descente dans une galerie, ils ont fait précéder les hommes d'une colombe, mais il semble ressortir de leur expérience que l'oiseau peut résister alors que les accidents se manifestent déjà chez l'homme. Deux soldats furent retirés sans connaissance, atteints de convulsions et de phénomènes généraux graves, alors que la colombe vivait encore dans la même galerie et devant eux.

Pour absorber les gaz au fur et à mesure de leur production, on dépose le long des galeries du chlorure de chaux. On se sert de masques imprégnés de sel acétique dont l'action bienfaisante est connue depuis longtemps sans qu'on puisse l'expliquer.

Le charbon, le peroxyde de fer, ont été aussi utilisés, mais sans grand succès. Toutes ces précautions sont bonnes néanmoins, et il faut en continuer l'emploi. Par leur effet collectif elles peuvent prévenir de graves conséquences.

Pour gagner du temps, on peut explorer de suite les galeries avec l'appareil Denayrouze, mais on n'y descend généralement que lorsque les appareils ventilateurs ont suffisamment assuré l'aération.

Bien que la question ne soit pas de ma compétence, je crois pouvoir dire qu'il y a de ce côté de grandes améliorations à réaliser; les appareils en usage ne m'ont pas paru assez puissants pour assurer le renouvellement de l'air des galeries.

Passons aux précautions médicales : Cinq lits de camp avec paillasses et couvertures, légèrement inclinés de la tête au pied, suffisamment espacés et édifiés à hauteur convenable pour permettre sans trop de gêne les manœuvres de secours avaient été dressés sous un abri voisin du lieu de l'attaque et de la défense; puis à 500 mètres en arrière, sous une baraque, j'avais fait transporter quatre lits avec fourniture complète d'infirmerie; mes précautions n'ont point été superflues. Elles sont indispensables pour assurer les premiers secours, puis le repos nécessaire à des hommes dont le moindre bruit excite la sensibilité et les réflexes.

Le traitement varie suivant l'intensité du mal et les indications qui se présentent.

Dans les cas les plus légers, la position horizontale à l'air libre suffit pour assurer le retour des fonctions. Un peu d'eau-de-vie exerce une heureuse influence et sert, étendu d'eau, à étancher la soif toujours ardente.

Dans les cas de moyenne intensité, l'action thérapeutique est subordonnée aux manifestations symptomatiques. Lorsque les phénomènes dépressifs diminuent, les inhalations de vinaigre ou d'ammoniaque, les aspersions froides sur le visage, les flagellations méthodiques suffisent généralement à provoquer le retour des fonctions. Pour combattre les phénomènes hyperesthésiques et convulsifs, il est urgent de soustraire le malade aux impressions extérieures. Les inhalations prolongées d'éther ou de chloroforme m'ont donné les meilleurs résultats en enrayant les attaques et en prévenant les spasmes de la glotte.

J'ai également, avec avantage, administré les mêmes médicaments à l'intérieur en les additionnant d'eau.

Dans les cas graves, l'évacuation sur l'hôpital est urgente. On peut être obligé de pratiquer la respiration artificielle, d'appliquer les révulsifs, les réfrigérants, d'user des ventouses ou des sangsues, et enfin avoir recours, comme on l'a fait en Allemagne, dans des cas bien déterminés, à la transfusion du sang.

Nancy, imprimerie Berger-Levrault et Cie.

www.ingramcontent.com/pod-product-compliance
Lightning Source LLC
Chambersburg PA
CBHW051404060726
47596CB00005B/2074